Lachs mit Gemüse

Für 4 Portionen
Nährwerte (pro Portion): Kilokalorien: 371 Kcal, Protein: 39,8 g, Fett: 16,8 g, Kohlenhydrate: 8,7 g

ZUTATEN

- 4 Lachsfilets à 200 g
- 1 TL Salz
- 1 TL Pfeffer
- 1 EL Olivenöl
- 1 Kopfsalat
- 1 Zwiebel
- 1 Salatgurke
- 4 Tomaten
- 12 Radieschen
- 2 Zitronen

1. Den Fisch mit kaltem Wasser abspülen, mit Küchenpapier trocken tupfen und mit Salz und Pfeffer würzen. Das Olivenöl in einer Pfanne erhitzen und die Filets darin von jeder Seite 3–4 Minuten braten.
2. Den Salat klein zupfen und waschen. Zwiebel schälen, Gurke, Tomaten und Radieschen putzen und waschen und alles klein schneiden. Nun den Salat auf 4 Teller verteilen und das vorbereitete Gemüse ebenfalls darauf verteilen.
3. Auf jeden Teller 1 Fischfilet legen. Fisch und Salat mit Zitronensaft beträufeln.

Blumenkohlpizza

Für 4 Portionen (2 Pizzen)
Nährwerte (pro Portion): Kilokalorien: 416 Kcal, Protein: 29,1 g, Fett: 26,2 g, Kohlenhydrate: 13,1 g

ZUTATEN

- 1 kg Blumenkohl
- 150 g geriebener Käse
- 1 Zwiebel
- 2 Knoblauchzehen
- 1 EL Olivenöl
- 400 g stückige Tomaten (aus der Dose)
- ½ TL Salz
- ½ TL Pfeffer
- 250 g Mozzarella
- 250 g Tomaten
- 1 TL Oregano

1. Den Backofen auf 200 °C (Ober-/Unterhitze) vorheizen.
2. Den Blumenkohl putzen und waschen, die Röschen abschneiden und in einem Topf mit kochendem Wasser blanchieren (circa 2–3 Minuten). Anschließend den Blumenkohl fein reiben und in einer Schüssel mit dem geriebenen Käse vermengen.
3. Zwei Backbleche mit Backpapier belegen und die Masse darauf verteilen, sodass auf jedem Backblech ein Pizzaboden ist, dann 10 Minuten im Ofen backen.
4. Die Zwiebel und die Knoblauchzehen schälen und klein schneiden. Das Olivenöl in einer Pfanne erhitzen und Zwiebel und Knoblauch darin 2–3 Minuten dünsten.
5. Nun die stückigen Tomaten dazugeben, mit Salz und Pfeffer würzen und 3–4 Minuten köcheln lassen. Dann die Tomaten-Zwiebel-Sauce auf dem Boden der Pizza verteilen.
6. Den Mozzarella abtropfen lassen, klein zupfen und auf der Pizza verteilen.
7. Die Tomaten waschen, in Scheiben schneiden und ebenfalls darauf verteilen. Pizza mit Oregano würzen und weitere 10 Minuten im Ofen backen.

LOW CARB
Abendessen

LOW CARB

Abendessen

50 Rezepte zum Abnehmen und Genießen

riva

Bibliografische Information der Deutschen Nationalbibliothek
Die Deutsche Nationalbibliothek verzeichnet diese Publikation in der Deutschen Nationalbibliografie. Detaillierte bibliografische Daten sind im Internet über http://d-nb.de abrufbar.

Für Fragen und Anregungen
info@rivaverlag.de

Wichtiger Hinweis
Ausschließlich zum Zweck der besseren Lesbarkeit wurde auf eine genderspezifische Schreibweise sowie eine Mehrfachbezeichnung verzichtet. Alle personenbezogenen Bezeichnungen sind somit geschlechtsneutral zu verstehen.

Originalausgabe
4. Auflage 2021

Türkenstraße 89
80799 München
Tel.: 089 651285-0
Fax: 089 652096

Redaktion: Caroline Kazianka
Umschlaggestaltung: Manuela Amode
Umschlagabbildungen: Vorderseite: Nataliya Arzamasova/Shutterstock.com; karelnoppe/Shutterstock.com, Ekaterina Markelova/Shutterstock.com, Marian Weyo/Shutterstock.com, silroby80/Shutterstock.com
Satz: inpunkt[w]o, Haiger (www.inpunktwo.de)
Druck: Florjancic Tisk d.o.o., Slowenien
Printed in the EU

ISBN Print 978-3-7423-0807-8
ISBN E-Book (PDF) 978-3-7453-0432-9
ISBN E-Book (EPUB, Mobi 978-3-7453-0433-6

Weitere Informationen zum Verlag finden Sie unter
www.rivaverlag.de
Beachten Sie auch unsere weiteren Verlage unter www.m-vg.de

Inhalt

Pizzarolle

Für 4 Portionen
Nährwerte (pro Portion): Kilokalorien: 536 Kcal, Protein: 45,3 g, Fett: 30,1 g, Kohlenhydrate: 17,2 g

ZUTATEN

Für den Teig:

160 g Magerquark
220 g geriebener Käse
4 Eier
1 TL Salz
½ TL Pfeffer

Für die Füllung:

300 g Champignons
2 rote Paprika
2 Tomaten
1 Zwiebel
250 g Blattspinat
200 g Frischkäse (fettarm)
100 g Mozzarella
100 g geriebener Käse
1 TL Salz
1 TL Pfeffer
1 TL Paprikapulver (edelsüß)

1. Den Backofen auf 170 °C (Ober-/Unterhitze) vorheizen.
2. Im ersten Schritt den Teig zubereiten. Hierfür den Magerquark, den geriebenen Käse und die Eier in einer Schüssel vermischen und mit Salz und Pfeffer würzen.
3. Zwei Backbleche mit Backpapier auslegen und aus der Masse darauf vier Quadrate formen. Den Teig 10–12 Minuten im Ofen backen.
4. Für die Füllung das Gemüse putzen, waschen bzw. schälen und klein schneiden.
5. Die Böden aus dem Backofen nehmen und zuerst mit dem Frischkäse bestreichen. Darauf das Gemüse verteilen. Den Mozzarella abtropfen lassen, klein schneiden und wie den Käse auf den Teig geben. Belag mit Salz, Pfeffer und Paprikapulver würzen. Dann den Teig zusammenrollen und für weitere 10 Minuten im Ofen backen.

Brokkoli-Käse-Bites

Für 10 Bites
Nährwerte (pro Bite): Kilokalorien: 83 Kcal, Protein: 6 g, Fett: 5,1 g, Kohlenhydrate: 2,7 g

ZUTATEN

400 g Brokkoli
Salz
1 rote Zwiebel
120 g geriebener Käse
1 Ei
3 EL gemahlene Mandeln
⅓ TL Pfeffer
1 EL Leinsamen

1. Den Backofen auf 180 °C Umluft vorheizen.
2. Brokkoli putzen, waschen, in Röschen schneiden und in einem Topf mit leicht gesalzenem kochendem Wasser 10 Minuten garen. Dann durch ein Sieb abgießen und den Brokkoli mit kaltem Wasser abschrecken (so bleibt er schön grün). Die Brokkoliröschen klein hacken und in eine Schüssel geben.
3. Die Zwiebel schälen und in kleine Würfel schneiden. Dann Zwiebel, Käse, Ei, Mandeln, ⅓ TL Salz und Pfeffer in eine Schüssel geben und vermengen. Den Brokkoli hinzugeben und gut untermischen.
4. Nun aus der Masse runde, flache Taler formen und nebeneinander auf ein mit Backpapier belegtes Backblech setzen. Die Bites 10 Minuten im Ofen backen und zum Servieren mit Leinsamen bestreuen.

Pizza Margherita mit Thunfischboden

Für 4 Portionen (1 Pizza)
Nährwerte (pro Portion): Kilokalorien: 316 Kcal, Protein: 31 g, Fett: 15,7 g, Kohlenhydrate: 6,1 g

ZUTATEN

- 300 g Thunfisch im eigenen Saft (aus der Dose)
- 3 Eier
- 1 Knoblauchzehe
- 50 g Tomatenmark
- 100 g passierte Tomaten (aus der Dose)
- ¼ TL Salz
- ¼ TL Pfeffer
- 200 g Mozzarella
- 3 Tomaten
- 60 g geriebener Käse
- 4–6 Basilikumblätter

1. Den Backofen auf 200 °C (Ober-/Unterhitze) vorheizen.
2. Den Thunfisch abtropfen lassen und in eine Schüssel geben. Die Eier dazugeben und am besten mit den Händen durchkneten.
3. Nun ein Backblech mit Backpapier auslegen und die Thunfischmasse darauf zu einer runden Pizza (oder mehreren kleinen Böden) verstreichen. Der Boden sollte etwa 5 mm dick sein. Dann den Pizzaboden 12–14 Minuten im Ofen backen. (Die Oberfläche sollte leicht kross sein und die Ränder trocken.)
4. Knoblauch schälen und hacken und mit Tomatenmark, passierten Tomaten, Salz und Pfeffer in einer Schüssel verrühren. Die Sauce auf dem Pizzaboden verteilen.
5. Den Mozzarella abtropfen lassen und in Scheiben schneiden. Die Tomaten waschen und ebenfalls in Scheiben schneiden. Nun zunächst den Mozzarella und den geriebenen Käse auf der Sauce verteilen und dann die Tomaten obenauf legen. Die Pizza anschließend weitere 10 Minuten im Ofen backen.
6. In der Zwischenzeit die Basilikumblätter waschen, trocken schütteln und klein zupfen.
7. Vor dem Servieren die Pizza mit den Basilikumblättern garnieren und gegebenenfalls mit etwas Salz und Pfeffer nachwürzen.

Chicken-Nuggets mit Parmesan

Für 4 Portionen
Nährwerte (pro Portion): Kilokalorien: 420 Kcal, Protein: 50 g, Fett: 21,7 g, Kohlenhydrate: 3,3 g

ZUTATEN

- 600 g Hähnchenbrustfilet
- 2 Eier
- ½ TL Salz
- ½ TL Pfeffer
- ½ TL Kurkuma
- 50 g gemahlene Mandeln
- 80 g geriebener Parmesan
- 2 EL Olivenöl

1. Das Fleisch waschen, mit Küchenpapier trocken tupfen und in nuggetgroße Stücke schneiden.
2. Die Eier in einen Suppenteller aufschlagen und mithilfe einer Gabel mit Salz, Pfeffer und Kurkuma verquirlen. In einem weiteren Teller die gemahlenen Mandeln mit dem Parmesan vermischen.
3. Die Fleischnuggets einzeln zuerst in der Eimischung und anschließend in der Parmesanmischung wälzen. Das Fleisch sollte komplett mit der Panade bedeckt sein.
4. Das Olivenöl in einer Pfanne erhitzen und die Nuggets von beiden Seiten darin knusprig braten.

Chili-Garnelenspieße

Für 4 Portionen
Nährwerte (pro Portion): Kilokalorien: 373 Kcal, Protein: 14,35 g, Fett: 31,1 g, Kohlenhydrate: 6,2 g

ZUTATEN

7 Knoblauchzehen
30 Garnelen
½ Bund Petersilie
1 rote Chilischote
1 Prise Salz
1 Prise Pfeffer
8 EL Olivenöl
½ Zitrone

1. Den Knoblauch schälen und hacken. Die Garnelen evtl. schälen, waschen und abtropfen lassen. Die Garnelen auf Holzspieße stecken.
2. Die Petersilie und die Chilischote waschen, klein hacken und in einer Schüssel mit dem Knoblauch vermengen. Mit Pfeffer und Salz würzen.
3. Das Olivenöl in eine beschichtete Pfanne geben und erhitzen. Die Garnelenspieße darin bei hoher Hitze kurz anbraten. Die Knoblauchmischung dazugießen und die Garnelen weitere 2 Minuten garen.
4. Die Garnelen aus der Pfanne nehmen, sobald sie eine rosarote Farbe angenommen haben, mit Zitronensaft beträufeln und servieren.

Big-Burger-Wraps

Für 4 Wraps
Nährwerte (pro Wrap): Kilokalorien: 463 Kcal, Protein: 39,6 g, Fett: 36,7 g, Kohlenhydrate: 12,7 g

ZUTATEN

Für die Wraps:

300 g Magerquark
150 g geriebener Käse
4 Eier

Für die Füllung:

1 TL Olivenöl
200 g Rinderhackfleisch
½ TL Salz
½ TL Pfeffer
1 Karotte
3 Tomaten
100 g Eisbergsalat
100 g Gewürzgurken
4 Scheiben Schmelzkäse
100 g Mais (aus der Dose)
2 TL Senf
2 TL Mayonnaise
2 TL Ketchup

1. Für die Wraps zunächst den Magerquark mit dem Käse und den Eiern in einer Schüssel vermischen.
2. Den Backofen auf 180 °C (Ober-/Unterhitze) vorheizen und zwei Backbleche mit Backpapier auslegen. Nun den Teig gleichmäßig auf die zwei Backbleche verteilen, glatt streichen und 15–20 Minuten im Ofen backen.
3. Währenddessen das Olivenöl in der Pfanne erhitzen und das Hackfleisch darin rundum braun braten. Mit Salz und Pfeffer würzen.
4. Karotte, Tomaten und Salat putzen, waschen und klein schneiden. Die Gewürzgurken ebenfalls zerkleinern.
5. Nun die gebackenen Wraps in der Mitte durchschneiden, sodass vier eckige Teigplatten entstehen. Auf jede Platte 1 Scheibe Käse legen. Dann Gurken, Karotte, Tomaten, abgetropften Mais und Salat darauf verteilen. Das Hackfleisch darübergeben.
6. Für die Sauce Senf, Mayonnaise und Ketchup in einer Schüssel miteinander vermischen. Etwas Sauce über das Hackfleisch träufeln und die einzelnen Wraps zusammenrollen.

Gemüse-Puten-Wraps

Für 4 Wraps
Nährwerte (pro Wrap): Kilokalorien: 434 Kcal, Protein: 46,3 g, Fett: 22,2 g, Kohlenhydrate: 9,3 g

ZUTATEN

Für die Wraps:

3 Eier
300 g Quark (20 % Fett)
200 g geriebener Käse
1 Prise Salz
1 Prise Pfeffer

Für die Füllung:

300 g Putenbrustfilet
1 TL Kokosöl
1 Prise Salz
1 Prise Pfeffer
1 Salatgurke
2 Tomaten
1 Zwiebel
½ Eisbergsalat

1. Den Backofen auf 180 °C (Ober-/Unterhitze) vorheizen.
2. Mit dem Handrührgerät die Eier und den Quark in einer Schüssel vermischen. Käse, Salz und Pfeffer hinzufügen und verrühren.
3. Zwei Backbleche mit Backpapier auslegen und den Teig darauf zu vier runden Fladen verstreichen. Wraps 15–20 Minuten im Ofen backen.
4. Die Putenbrust klein schneiden. Das Kokosöl in einer Pfanne erhitzen und das Fleisch darin anbraten. Mit Salz und Pfeffer würzen.
5. Die Gurke und die Tomaten waschen, die Zwiebel schälen und alles klein schneiden. Den Salat in einzelne Salatblätter teilen, waschen und klein zupfen.
6. Jeden Wrap mit Putenbrust, Salat und Gemüse belegen, zusammenrollen und servieren.

Gebackene Zucchinisticks

Für 4 Portionen
Nährwerte (pro Portion): Kilokalorien: 305 Kcal, Protein: 19,8 g, Fett: 21,4 g, Kohlenhydrate: 7,5 g

ZUTATEN

- 4 Zucchini
- 2 Eier
- 80 g geriebener Parmesan
- 80 g gemahlene Mandeln
- 1 Prise Paprikapulver (edelsüß)
- ½ TL Salz

1. Den Backofen auf 200 °C Umluft vorheizen.
2. Die Zucchini waschen und die beiden Enden abschneiden. Dann quer halbieren und die Hälften in Streifen schneiden.
3. Die Eier in eine kleine Schüssel aufschlagen und mit einer Gabel verquirlen.
4. Parmesan, Mandeln, Paprikapulver und Salz in einen flachen Teller geben und vermischen. Die Zucchinisticks nun erst im Ei und dann in der Parmesanmischung wenden.
5. Ein Backblech mit Backpapier auslegen und die Zucchinistreifen nebeneinander darauflegen. 10–15 Minuten im Ofen backen.

Hackbraten

Für 4 Portionen
Nährwerte (pro Portion): Kilokalorien: 362 Kcal, Protein: 24 g, Fett: 22,2 g, Kohlenhydrate: 5,9 g

ZUTATEN

- 1 Zwiebel
- 2 Knoblauchzehen
- 200 g Champignons
- 2 Karotten
- 400 g Rinderhackfleisch
- 100 g Crème fraîche
- 1 Ei
- 1 TL Tomatenmark
- 2 TL Flohsamenschalen
- 1 TL Senf
- ½ TL Salz
- ½ TL Pfeffer
- 1 EL Majoran
- 1 EL Paprikapulver (edelsüß)
- etwas Fett für die Form

1. Den Backofen auf 160 °C Umluft vorheizen.
2. Zwiebel und Knoblauchzehen schälen, Zwiebel hacken und die Knoblauchzehen klein schneiden.
3. Die Champignons putzen und mit einem Küchenpapier säubern, die Karotten putzen und waschen. Beides klein schneiden. Die vorbereiteten Zutaten mit Hackfleisch und Crème fraîche in einer Schüssel vermengen.
4. Ei, Tomatenmark, Flohsamenschalen, Senf und die Gewürze dazugeben und alles gut durchmischen.
5. Die Masse zu einem Hackbraten formen und in eine gefettete Auflaufform legen. 50–60 Minuten im Ofen backen.

Rote-Bete-Pizza

Für 4 Portionen (2 Pizzen)
Nährwerte (pro Portion): Kilokalorien: 501 Kcal,
Protein: 36,6 g, Fett: 26,5 g, Kohlenhydrate: 25,6 g

ZUTATEN

Für den Boden:

600 g Rote Bete
200 g Mandelmehl
2 Eier
2 EL Chiasamen
2 EL Backpulver
1 Prise Salz
2 EL Kokosöl

Für den Belag:

½ Brokkoli
2 EL Tomatenmark
50 g Crème fraîche
100 g geriebener Käse
1 Granatapfel
100 g Babyspinat
100 g Mungobohnensprossen
2 Handvoll Rucola
2 Handvoll Feldsalat

1. Den Backofen auf 180 °C (Ober-/Unterhitze) vorheizen.
2. Die Roten Beten schälen und in kleinere Stücke schneiden. Dann auf einem Backblech mit Backpapier verteilen und 20 Minuten im Ofen rösten. Anschließend abkühlen lassen.
3. Die Roten Beten, Mandelmehl, Eier, Chiasamen, Backpulver, Salz und Kokosöl in einen Mixer oder in eine Küchenmaschine geben und zu einer cremigen Masse verarbeiten. Dann aus der Masse auf zwei mit Backpapier belegten Backblechen zwei 5 mm–1 cm hohe Pizzaböden formen und diese 15 Minuten im Ofen backen.
4. In der Zwischenzeit die Brokkoliröschen abtrennen, waschen und in einem Topf mit leicht gesalzenem kochenden Wasser 5–8 Minuten blanchieren.
5. Das Tomatenmark in einer Schüssel mit der Crème fraîche vermischen und die Pizzaböden mit der Mischung bestreichen. Dann den Käse und den Brokkoli darauf verteilen. Anschließend die Pizzen weitere 8–10 Minuten im Backofen backen.
6. Den Granatapfel halbieren, die Kerne herauslösen und auf den Pizzen verteilen.
7. Babyspinat, Mungobohnensprossen, Rucola und Feldsalat verlesen, waschen, trocken schütteln und ebenfalls auf die Pizzen geben. Pizzen weitere 2–4 Minuten in den Backofen schieben.

Zucchinipasta mit Tomaten

Für 4 Portionen
Nährwerte (pro Portion): Kilokalorien: 244 Kcal, Protein: 9,1 g, Fett: 15,4 g, Kohlenhydrate: 11,5 g

ZUTATEN

- 4 Zucchini
- 300 g Cherrytomaten
- 3 Knoblauchzehen
- 2 EL Olivenöl
- ½ TL Salz
- ⅓ TL Pfeffer
- ½ TL Paprikapulver (edelsüß)
- 50 g Sonnenblumenkerne
- 50 g Walnusskerne
- 1 Limette

1. Die Zucchini waschen und die beiden Enden abschneiden. Dann mit einem Spiralschneider (oder mit einem Messer) in feine Nudeln schneiden.
2. Die Tomaten waschen und halbieren. Den Knoblauch schälen und hacken. Das Olivenöl in einer großen Pfanne (am besten in einem Wok) erhitzen. Die Tomaten und den Knoblauch kurz darin anbraten. Dann die Hitze reduzieren und Tomaten mit Salz, Pfeffer und Paprikapulver würzen.
3. Die Sonnenblumenkerne und die Walnüsse dazugeben, untermischen und alles 2–3 Minuten auf mittlerer Hitze dünsten. Nun die Zucchininudeln dazugeben und 5 Minuten mitgaren.
4. Die Zucchininudeln mit frischem Limettensaft beträufeln und servieren, bei Bedarf mit etwas Salz und Pfeffer nachwürzen.

Putenbrustsalat

Für 4 Portionen
Nährwerte (pro Portion): Kilokalorien: 390 Kcal, Protein: 37,9 g, Fett: 17,6 g, Kohlenhydrate: 17,5 g

ZUTATEN

500 g Putenbrustfilet
50 ml Sojasauce
Salz
Pfeffer
4 EL Olivenöl
2 Zucchini
1 Eisbergsalat
½ Kopfsalat
2 rote Zwiebeln
1 Salatgurke
500 g Kirschtomaten
1 Zitrone

1. Die Putenbrust waschen und mit Küchenpapier trocken tupfen. Anschließend in grobe Stücke schneiden. Die Sojasauce in eine Schüssel geben, mit ½ TL Salz und ½ TL Pfeffer würzen und die Putenbrust darin 10 Minuten marinieren.
2. 1 EL Olivenöl in einer Pfanne erhitzen und das Fleisch darin rundum braten. Dann aus der Pfanne nehmen und zur Seite stellen.
3. Die Zucchini putzen, waschen und in Streifen schneiden. Noch 1 EL Olivenöl in die Pfanne geben und erhitzen. Die Zucchinistreifen darin 5 Minuten hellbraun braten.
4. Den Eisbergsalat und den Kopfsalat putzen, waschen, klein zupfen und auf 4 Teller verteilen.
5. Die Zwiebeln schälen und in Ringe schneiden. Die Gurke putzen, waschen und in Streifen schneiden. Die Tomaten waschen und halbieren.
6. Tomaten, Zwiebeln und Gurke mit den Zucchinistreifen auf dem Salat verteilen und darauf das Fleisch platzieren. Mit Salz und Pfeffer würzen und mit dem restlichen Olivenöl und Zitronensaft beträufeln.

Gemüse aus dem Ofen

Für 4 Portionen
Nährwerte (pro Portion): Kilokalorien: 193 Kcal, Protein: 7,8, Fett: 12,5, Kohlenhydrate: 11 g

ZUTATEN

300 g Cherrytomaten
4 Zucchini
2 gelbe Paprika
400 g Champignons
600 g Stangensellerie
3 EL Olivenöl
1 TL Salz
½ TL schwarzer Pfeffer

1. Den Backofen auf 180 °C (Ober-/Unterhitze) vorheizen.
2. Tomaten waschen. Zucchini und Paprika putzen. Champignons putzen und mit einem Küchenpapier säubern. Alles in mundgerechte Stücke schneiden. Stangensellerie putzen, Stangen quer halbieren und in kochendem Wasser 8–10 Minuten kochen.
3. Das klein geschnittene Gemüse in eine große ofenfeste Backform geben und mit Olivenöl, Salz und Pfeffer mischen. Dann 25 Minuten im Ofen backen (zwischendurch durchmischen), bis es leicht gebräunt und weich ist.

Lachs in Sesamkruste

Für 4 Portionen
Nährwerte (pro Portion): Kilokalorien: 423 Kcal, Protein: 39,3 g, Fett: 26,7 g, Kohlenhydrate: 2,4 g

ZUTATEN

4 Lachsfilets à 200 g
1 Zitrone
2 EL Sesamöl
1 EL Olivenöl
1 EL Sojasauce
1 TL Salz
1 TL Pfeffer
1 TL Chiliflocken
50 g Sesamsamen

1. Den Backofen auf 180 °C (Ober-/Unterhitze) vorheizen.
2. Die Lachsfilets waschen und mit Küchenpapier trocken tupfen. Die Zitrone auspressen und die Filets damit beträufeln.
3. Sesamöl und Olivenöl in einer Schüssel mit der Sojasauce vermischen und die Filets damit bestreichen. Mit Salz, Pfeffer und den Chiliflocken würzen.
4. Die Filets mit den Sesamsamen bestreuen und in eine Auflaufform legen. Fisch 20 Minuten im Ofen backen und gleich servieren.

Zucchinipuffer

Für 4 Portionen
Nährwerte (pro Portion): Kilokalorien: 407 Kcal,
Protein: 25,6 g, Fett: 26,3 g, Kohlenhydrate: 14 g

ZUTATEN

800 g Zucchini
1 Zitrone
2 Zwiebeln
1 Knoblauchzehe
6 Eier
150 g geriebener Käse
50 g Mandelmehl
½ TL Salz
½ TL Pfeffer
1 EL Butter

1. Die Zucchini waschen und die Enden abschneiden. Anschließend klein raspeln oder mit einem Spiralschneider in dünne Streifen schneiden. Die Zitrone auspressen und den Saft mit den Zucchiniraspeln in eine Schüssel geben. Zucchini 30 Minuten ziehen lassen, dann in ein Küchentuch wickeln und mit den Händen auspressen.
2. Die Zwiebeln und den Knoblauch schälen und hacken. Anschließend in einer Schüssel mit Eiern, Käse, Mandelmehl, Salz und Pfeffer vermischen. Die Zucchiniraspel dazugeben und gut unterrühren.
3. Die Butter in der Pfanne erhitzen. Aus der Masse Puffer formen und in der Pfanne von beiden Seiten goldbraun ausbacken, dann servieren.

Zoodles mit Garnelen

Für 4 Portionen
Nährwerte (pro Portion): Kilokalorien: 274 Kcal, Protein: 16,2 g, Fett: 19,1 g, Kohlenhydrate: 5,7 g

ZUTATEN

- 4 Zucchini
- 4 EL Olivenöl
- 2 Knoblauchzehen
- 250 g Garnelen (küchenfertig)
- 1 Zitrone
- ½ TL Salz
- 4 TL Sesamsamen

1. Zucchini waschen, Enden abschneiden und Zucchini mit einem Spiralschneider zu Nudeln oder mit einem Küchenhobel in lange Streifen schneiden.
2. 2 EL Olivenöl in der Pfanne erhitzen. Knoblauch schälen, klein hacken und in der Pfanne andünsten. Die Garnelen mit etwas Zitronensaft beträufeln und 2 Minuten in der Pfanne anbraten. Mit Salz würzen. Herausnehmen und warm halten.
3. Das restliche Olivenöl in die Pfanne geben und erhitzen. Die Zucchininudeln in darin 2–3 Minuten braten. Die Garnelen untermischen und alles auf 4 Schüsseln verteilen. Ein paar Sesamsamen darüberstreuen und servieren.

Gebackene Parmesanzucchini

Für 4 Portionen
Nährwerte (pro Portion): Kilokalorien: 260 Kcal, Protein: 16,5 g, Fett: 19 g, Kohlenhydrate: 4,5 g

ZUTATEN

- 4 Zucchini
- 150 g geriebener Parmesan
- ½ TL getrockneter Thymian
- ½ TL getrockneter Oregano
- ½ TL getrocknetes Basilikum
- ¼ TL Knoblauchpulver
- ½ TL Salz
- ½ TL Pfeffer
- 2 EL Olivenöl
- 2 EL gehackte Petersilie

1. Den Backofen auf 250 °C (Ober-/Unterhitze) vorheizen.
2. Die Zucchini putzen, waschen und in dünne Scheiben schneiden.
3. In einer kleinen Schüssel Parmesan, Thymian, Oregano, Basilikum, Knoblauchpulver, Salz und Pfeffer vermischen.
4. Nun die Zucchini auf ein Backblech legen, mit Olivenöl beträufeln und mit der Parmesanmischung bestreuen. Dann 15 Minuten im Ofen backen. Zum Servieren mit Petersilie garnieren.

Brokkolifrikadellen

Für 4 Portionen
Nährwerte (pro Portion): Kilokalorien: 439 Kcal, Protein: 30,8 g, Fett: 28,7 g, Kohlenhydrate: 11,2 g

ZUTATEN

- 2 Karotten
- 400 g Brokkoli
- 1 Zwiebel
- 6 Eier
- 40 g Flohsamenschalen
- 50 g Mandelmehl
- 200 g geriebener Käse
- ½ TL Salz
- ½ TL Pfeffer
- 2 EL Olivenöl

1. Die Karotten und den Brokkoli putzen und waschen, die Zwiebel schälen. Dann Gemüse in kleine Stücke schneiden oder in einer Küchenmaschine zerkleinern.
2. Das Gemüse in eine Schüssel geben und mit den Eiern, den Flohsamenschalen und dem Mandelmehl gut vermischen. Anschließend Käse, Salz und Pfeffer unterrühren. Die Schüssel mit einem Küchentuch abdecken und Teig 10 Minuten ruhen lassen.
3. Nun aus der Masse Frikadellen formen. Das Olivenöl in einer Pfanne auf mittlerer Stufe erhitzen und die Frikadellen darin von beiden Seiten anbraten.

Frischkäse-Salami-Pizza

Für 4 Portionen (2 Pizzen)
Nährwerte (pro Portion): Kilokalorien: 601 Kcal, Protein: 50,2 g, Fett: 37,4 g, Kohlenhydrate: 11,6 g

ZUTATEN

Für den Boden:

6 Eier
200 g geriebener Käse
200 g Frischkäse (fettarm)
3 EL Mandelmehl
1 TL Salz

Für den Belag:

200 g passierte Tomaten (aus der Dose)
100 g stückige Tomaten (aus der Dose)
1 Zwiebel
200 g Champignons
100 g Geflügelsalami in Scheiben
120 g Mozzarella
120 g geriebener Käse

1. Den Backofen auf 180 °C (Ober-/Unterhitze) vorheizen.
2. Die Eier in eine Schüssel aufschlagen, verquirlen und mit dem Käse, dem Frischkäse, dem Mandelmehl und dem Salz vermischen.
3. Zwei Backbleche mit Backpapier auslegen. Aus der Masse auf den Backblechen zwei runde Pizzaböden formen und diese 30 Minuten im Ofen backen.
4. Die Pizzaböden mit den passierten Tomaten bestreichen und die stückigen Tomaten darüber verteilen. Die Zwiebel schälen und in Streifen schneiden. Die Champignons putzen und mit Küchenpapier säubern, dann ebenfalls in Streifen schneiden und mit der Zwiebel und der Salami auf den Pizzen verteilen.
5. Den Mozzarella abtropfen lassen und mit den Händen klein zupfen. Mit dem geriebenen Käse auf die Pizzen legen. Dann die Pizzen weitere 10–15 Minuten im Ofen backen.

Mozzarella-Blumenkohl-Bällchen

Für 14 Bällchen
Nährwerte (pro Bällchen): Kilokalorien: 46 Kcal, Protein: 3,6 g, Fett: 3,2 g, Kohlenhydrate: 1,4 g

ZUTATEN

800 g Blumenkohl
1 Ei
½ TL Salz
½ TL Pfeffer
80 g Mozzarella
4 EL Mandelmehl
½ TL Kurkuma

1. Den Backofen auf 200 °C (Ober-/Unterhitze) vorheizen.
2. Den Blumenkohl putzen, waschen, grob zerteilen und in einer Küchenmaschine oder einem Mixer klein hacken. Optional kann der Blumenkohl auch geraspelt werden. Den Blumenkohl dann in ein Küchentuch geben und die überschüssige Flüssigkeit auspressen.
3. Den Blumenkohl mit dem Ei, Salz und Pfeffer in eine Schüssel geben und vermischen. Den Mozzarella abtropfen lassen, klein schneiden und dazugeben.
4. Das Mandelmehl auf einen flachen Teller geben und mit der Kurkuma vermischen.
5. Aus dem Teig Bällchen formen und diese im Mandelmehl wälzen.
6. Die Bällchen nebeneinander auf ein mit Backpapier ausgelegtes Backblech legen und 15–20 Minuten im Ofen backen.

Blumenkohl-Spinat-Pizza

Für 4 Portionen (2 Pizzen)
Nährwerte (pro Portion): Kilokalorien: 429 Kcal, Protein: 33,2 g, Fett: 26,4 g, Kohlenhydrate: 10,1 g

ZUTATEN

Für den Boden:

800 g Blumenkohl
200 g geriebener Käse
2 Eier
½ TL Salz
½ TL Pfeffer
2 Knoblauchzehen

Für den Belag:

100 g Mozzarella
300 g Blattspinat
300 g Cocktailtomaten
1 TL Salz
1 TL Pfeffer
100 g geriebener Käse

1. Den Blumenkohl putzen, waschen, die Röschen abtrennen und in einem Mixer zerkleinern. Den gehackten Blumenkohl in ein Kuchentuch geben und die überschüssige Flüssigkeit ausdrücken.
2. Blumenkohl, Käse, Eier, Salz und Pfeffer in einer Schüssel gut miteinander vermischen. Die Knoblauchzehen schälen, hacken und untermischen.
3. Den Backofen auf 180 °C Ober-/Unterhitze vorheizen und zwei Backbleche mit Backpapier auslegen.
4. Die Blumenkohlmischung auf den Backblechen zu zwei runden Pizzaböden formen und diese 10 Minuten im Ofen backen.
5. Inzwischen Mozzarella abtropfen lassen und klein zupfen. Blattspinat verlesen, waschen und abtropfen lassen. Tomaten waschen und halbieren.
6. Die Pizzen mit Mozzarella, Spinat und Tomaten belegen, mit Salz und Pfeffer würzen und zum Schluss mit dem geriebenen Käse bestreuen. Dann nochmals 12–15 Minuten im Ofen backen.

Wraps mit Gemüsefüllung

Für 4 Wraps
Nährwerte (pro Wrap): Kilokalorien: 415 Kcal, Protein: 25,3 g, Fett: 25,5 g, Kohlenhydrate: 16,5 g

ZUTATEN

Für den Teig:

2 Eier
200 g Quark (20 % Fett)
200 g geriebener Käse

Für die Füllung:

300 g Tomaten
1 grüne Paprika
1 rote Paprika
1 gelbe Paprika
2 Zwiebeln
½ TL Salz
½ TL Pfeffer
2 EL Olivenöl
½ Zitrone

1. Den Backofen auf 180 °C Umluft vorheizen.
2. Die Eier in einer Schüssel mit einer Gabel verrühren, den Quark dazugeben und vermischen. Den geriebenen Käse ebenfalls gut untermischen.
3. Zwei Backbleche mit Backpapier auslegen und aus dem Teig vier runde Fladen darauf formen. Die Wraps sollten nicht dicker als 5 mm sein. Wraps 15–20 Minuten im Ofen backen.
4. In der Zwischenzeit die Tomaten und die Paprikaschoten putzen, waschen und in mundgerechte Stücke schneiden. Die Zwiebeln schälen und ebenfalls klein schneiden. Das Gemüse in eine Schüssel geben und mit Salz, Pfeffer und Olivenöl vermischen.
5. Die Füllung auf die fertigen Wraps verteilen, mit etwas frischem Zitronensaft beträufeln und Wraps zusammenrollen.

Fleisch-Paprika-Spieße

Für 4 Portionen
Nährwerte (pro Portion): Kilokalorien: 266 Kcal, Protein: 16 g, Fett: 14,5 g, Kohlenhydrate: 16 g

ZUTATEN

- 600 g Schweinefilet
- ½ TL Kurkuma
- ½ TL gemahlener Kreuzkümmel
- ½ TL Salz
- ½ TL Pfeffer
- 2 EL Olivenöl
- 2 Knoblauchzehen
- 2 rote Paprika
- 2 gelbe Paprika
- ½ Handvoll gehackte Petersilie

1. Das Fleisch waschen, mit Küchenpapier trocken tupfen und in 2–4 cm große Würfel schneiden. Dann zusammen mit Kurkuma, Kreuzkümmel, Salz, Pfeffer und 1 EL Olivenöl in eine Schüssel geben. Die Knoblauchzehen schälen, klein hacken und ebenfalls dazugeben. Das Ganze gut vermischen und 2 Stunden in den Kühlschrank stellen.
2. Die Paprika putzen, waschen und in 3 x 3 cm große Stücke schneiden. Dann Paprika abwechselnd mit den Fleischstücken auf 4 Holzspieße stecken.
3. In einer Pfanne das restliche Olivenöl erhitzen und die Spieße darin rundum anbraten. Die Spieße zum Servieren mit etwas gehackter Petersilie garnieren.

Spinatrolle mit Kochschinken

Für 4 Portionen
Nährwerte (pro Portion): Kilokalorien: 498 Kcal, Protein: 40,2 g, Fett: 33,1 g, Kohlenhydrate: 6,7 g

ZUTATEN

300 g TK-Rahmspinat
100 g geriebener Käse
4 Eier
1 Prise Salz
1 Prise Pfeffer
300 g Frischkäse (fettarm)
200 g Kochschinken

1. Den Backofen auf 200 °C (Ober-/Unterhitze) vorheizen.
2. Den aufgetauten Rahmspinat in einer Schüssel mit Käse, Eiern, Salz und Pfeffer vermengen.
3. Ein Backblech mit Backpapier auslegen. Aus der Masse darauf ein 20 x 20 großes und 0,5 cm dickes oder zwei kleine Rechtecke formen und diese/-s 12–15 Minuten im Backofen backen.
4. Die Spinatfladen gut abkühlen lassen, dann den Frischkäse darauf verteilen und den Kochschinken darauflegen. Die Fladen zusammenrollen und die Rollen in Scheiben schneiden.

Flammkuchen

Für 4 Portionen (2 Flammkuchen)
Nährwerte (pro Portion): Kilokalorien: 627 Kcal, Protein: 47,3 g, Fett: 39,7 g, Kohlenhydrate: 11,9 g

ZUTATEN

- 250 g geriebener Käse
- 250 g körniger Frischkäse (fettarm)
- 5 Eier
- 50 g Mandelmehl
- ½ TL Salz
- ½ TL Pfeffer
- 2 Lauchzwiebeln
- 200 g Crème fraîche
- 200 g Schinkenwürfel

1. Den Backofen auf 180 °C Umluft vorheizen.
2. Käse, Frischkäse und Eier in eine Schüssel geben und mit dem Handrührgerät gut miteinander vermengen. Dann Mandelmehl, Salz und Pfeffer dazugeben und nochmals mischen.
3. Zwei Backbleche mit Backpapier auslegen und aus der Masse darauf zwei runde Flammkuchenböden formen. Böden 12–15 Minuten im Ofen backen.
4. In der Zwischenzeit die Lauchzwiebeln putzen, waschen und klein schneiden.
5. Wenn die Böden fertig sind, aus dem Backofen nehmen, mit Crème fraîche bestreichen und mit Lauchzwiebeln und Schinkenwürfeln bestreuen. Flammkuchen weitere 5 Minuten im Ofen backen.

Zucchini-Karotten-Salat

Für 4 Portionen
Nährwerte (pro Portion): Kilokalorien: 101,5 Kcal,
Protein: 3,4 g, Fett: 3,7 g, Kohlenhydrate: 12,6 g

ZUTATEN

3 Zucchini
4 Karotten
1 Zwiebel
2 Knoblauchzehen
2 EL Sonnenblumenöl
2 EL Essig
½ TL Salz
½ TL Pfeffer
½ TL Kurkuma
½ Zitrone

1. Die Zucchini und die Karotten putzen, waschen und grob raspeln. Dann in eine Schüssel geben.
2. Die Zwiebel schälen, in Streifen schneiden und gut mit dem Gemüse in der Schüssel vermischen.
3. Für das Dressing die Knoblauchzehen schälen, hacken und in einer kleinen Schüssel mit Sonnenblumenöl, Essig, Salz, Pfeffer und Kurkuma vermischen.
4. Den Salat auf 4 Teller verteilen, das Dressing darübergießen und etwas frischen Zitronensaft daraufträufeln.

Zucchininudeln mit Lachs

Für 4 Portionen
Nährwerte (pro Portion): Kilokalorien: 339 Kcal, Protein: 29,8 g, Fett: 21,2 g, Kohlenhydrate: 3,8 g

ZUTATEN

3 Zucchini
1 ½ TL Salz
2 EL Butter
4 Lachsfilets à 150 g
etwas getrockneter Thymian
½ TL Pfeffer
100 g Sahne
1 Zitrone

1. Die Zucchini waschen, putzen und mit dem Spiralschneider in Nudelform schneiden oder in feine Streifen hobeln. Mit 1 TL Salz in ein Sieb geben, gut durchkneten und abtropfen lassen.
2. 1 EL Butter in einer Pfanne erhitzen und die Lachsfilets darin von beiden Seiten goldbraun braten. Mit Thymian, Salz und Pfeffer würzen. Den gebratenen Lachs zur Seite stellen und warm halten.
3. Die restliche Butter in einer anderen Pfanne erhitzen und die Zucchinstreifen darin 5–10 Minuten braten. Die Sahne angießen und alles weitere 2–3 Minuten garen.
4. Die Zucchininudeln auf 4 Teller verteilen, die Lachsfilets daraufsetzen und mit etwas Thymian garnieren. Mit Zitronensaft beträufeln und servieren.

Herzhafte Käsewaffeln

Für 4 Portionen
Nährwerte (pro Portion): Kilokalorien: 355 Kcal, Protein: 21,1 g, Fett: 26,5 g, Kohlenhydrate: 5,5 g

ZUTATEN

- 60 g Mandelmehl
- 5 Eier
- 150 g Crème fraîche
- 150 ml Milch (3,5 % Fett)
- 50 g geriebener Käse
- 50 g Frischkäse (fettarm)
- 2 EL Flohsamenschalen
- 2 TL Backpulver
- ½ TL Salz
- ½ TL Pfeffer
- etwas Fett für das Waffeleisen

1. Das Mandelmehl und die Eier in eine Schüssel geben und mit einem Handrührgerät gut vermischen. Crème fraîche, Milch und den geriebenen Käse dazugeben und nochmals mischen.
2. Die restlichen Zutaten dazugeben und alles zu einem glatten Teig verrühren.
3. Aus dem Teig in einem gefetteten Waffeleisen Waffeln ausbacken.

Brokkolisalat mit gerösteten Mandeln

Für 4 Portionen
Nährwerte (pro Portion): Kilokalorien: 295 Kcal, Protein: 12,4 g, Fett: 18,5 g, Kohlenhydrate: 13 g

ZUTATEN

1 Chilischote
50 g Minzblätter
2 rote Zwiebeln
80 g Cherrytomaten
800 g Brokkoli
1 TL Salz
120 ml Joghurt (fettarm)
50 g Mayonnaise
3 EL Zitronensaft
60 g Mandeln

1. Bei der Chilischote Samen und Strunk entfernen, Schote waschen und klein schneiden. Die Minzblätter waschen, trocken schütteln und hacken. Die Zwiebeln schälen, die Tomaten waschen und beides in kleine Stücke schneiden.
2. Die Brokkoliröschen vom Strunk trennen, waschen und klein schneiden. Mit Chili und Salz in eine große Schüssel geben. Zwiebeln und Tomaten unterheben.
3. Joghurt, Mayonnaise, Minze und Zitronensaft in einer weiteren Schüssel gut miteinander vermischen.
4. Die Mandeln etwas zerkleinern und 2–3 Minuten in einer Pfanne ohne Fett rösten.
5. Den Salat in der Schüssel mit der Sauce beträufeln, sodass alle Zutaten damit überzogen sind, und mit den Mandeln garnieren.

Türkische Pizza Lahmacun

Für 4 Portionen (2 Pizzen)
Nährwerte (pro Portion): Kilokalorien: 389 Kcal,
Protein: 41,2 g, Fett: 16,9 g, Kohlenhydrate: 12,9 g

ZUTATEN

Für den Teig:

100 g Mandelmehl
90 g Sojamehl
20 g Johannisbrotkern- mehl
50 g Proteinpulver neutral
1 Pck. Trockenhefe
¼ TL Zucker
1 TL Salz
1 EL Olivenöl
300 ml lauwarmes Wasser
etwas Mehl für die Arbeitsfläche

Für den Belag:

1 Zwiebel
1 Knoblauchzehe
1 EL Olivenöl
200 g Rinderhackfleisch
1 TL Salz
200 g passierte Tomaten (aus der Dose)
50 g Joghurt (fettarm)
½ Handvoll gehackte Petersilie
½ Zitrone

1. Den Backofen auf 50 °C (Umluft) vorheizen.
2. Für den Teig das Mandelmehl mit dem Sojamehl, Johannisbrotkernmehl und Proteinpulver in einer Schüssel vermischen. Die restlichen Zutaten außer dem Wasser dazugeben und mit dem Handrührgerät gut vermischen. Das lauwarme Wasser nach und nach unter ständigem Rühren in die Schüssel gießen.
3. Zwei Backbleche mit Backpapier auslegen und den Teig in zwei Klumpen teilen. Dann jeweils einen Klumpen auf ein Backblech setzen und 20 Minuten im Backofen gehen lassen.
4. Die beiden Teigklumpen aus dem Backofen nehmen, mit den Händen gut durchkneten und noch einmal 30 Minuten im Ofen gehen lassen.
5. Teig erneut aus dem Backofen holen und in vier Portionen teilen. Jedes Teigstück auf einer bemehlten Arbeitsfläche dünn und rund ausrollen und auf das Backblech legen. (Zwei Teigstücke passen jeweils auf ein Backblech.)
6. Für den Belag die Zwiebel und die Knoblauchzehe schälen und fein hacken. Das Öl in einer Pfanne erhitzen und das Hackfleisch darin mit den Zwiebeln und dem Knoblauch anbraten. Das Hackfleisch in eine Schüssel geben und mit Salz, passierten Tomaten und Joghurt vermischen. Masse dünn auf die Teigstücke streichen.
7. Die Temperatur des Backofens auf 200 °C erhöhen und die Fladen 15–20 Minuten im Ofen backen. Vor dem Servieren die Petersilie darüberstreuen und etwas Zitronensaft darauftäufeln.

Chili-Chicken-Nuggets

Für 4 Portionen
Nährwerte (pro Portion): Kilokalorien: 479 Kcal, Protein: 48,6 g, Fett: 28,4 g, Kohlenhydrate: 3,4 g

ZUTATEN

600 g Hähnchenbrustfilet
50 g geriebener Parmesan
100 g gemahlene Mandeln
1 TL Zwiebelpulver
½ TL Kurkuma
½ TL Salz
½ TL Pfeffer
½ Chilipulver
2 Eier
1 EL Olivenöl

1. Das Fleisch mit kaltem Wasser abspülen, mit Küchenpapier trocken tupfen und in grobe Stücke schneiden.
2. Parmesan, Mandeln, Zwiebelpulver, Kurkuma, Salz, Pfeffer und Chilipulver in einem flachen Teller vermischen.
3. Die Eier in einen tiefen Teller aufschlagen und mit einer Gabel verquirlen.
4. Nun das Fleisch zuerst im Ei und dann in der Panade wenden.
5. Das Olivenöl in einer Pfanne erhitzen und die Nuggets darin von beiden Seiten goldbraun braten.

Pfannkuchenrollen

Für 4 Portionen
Nährwerte (pro Portion): Kilokalorien: 474 Kcal,
Protein: 36,5 g, Fett: 30,8 g, Kohlenhydrate: 8,9 g

ZUTATEN

Für die Pfannkuchen:

150 g Mandelmehl
3 Eier
80 ml Mineralwasser
3 TL Kokosöl
1 EL Leinsamen
1 Prise Salz
1 EL Butter

Für die Füllung:

½ Kopfsalat
3 Tomaten
2 rote Paprika
1 Zwiebel
100 g Feta
80 g Mozzarella
100 g geräucherter Lachs in Scheiben
1 EL Olivenöl
1 TL Salz
1 TL Pfeffer

1. Für die Pfannkuchen das Mandelmehl in einer Schüssel mit den Eiern und dem Mineralwasser vermischen. Dann das Kokosöl, die Leinsamen und das Salz dazugeben und nochmals vermischen.
2. Etwas Butter in der Pfanne erhitzen, etwas Teig hineingießen und zu einem Fladen verlaufen lassen. Sobald sich an der Oberfläche Bläschen bilden, den Pfannkuchen wenden und dann fertig braten. Insgesamt 8 Pfannkuchen backen.
3. Für die Füllung den Kopfsalat waschen, trocken schütteln und die einzelnen Salatblätter auf die Pfannkuchen verteilen. Die Tomaten und die Paprika putzen, waschen und klein schneiden. Stückchen auf den Salatblättern verteilen.
4. Zwiebel schälen und klein schneiden, Feta zerbröseln, Mozzarella abtropfen lassen und klein schneiden. Zwiebel, Mozzarella, Feta und Lachs auf den Pfannkuchen verteilen und Belag mit Olivenöl beträufeln. Mit Salz und Pfeffer würzen und Pfannkuchen zusammenrollen. Rollen in Scheiben schneiden und servieren.

Blumenkohl-Pizza-Häppchen

Für 4 Portionen
Nährwerte (pro Portion): Kilokalorien: 391 Kcal, Protein: 26,2 g, Fett: 25,7 g, Kohlenhydrate: 10,3 g

ZUTATEN

Für den Boden:

600 g Blumenkohl
150 g geriebener Käse

Für den Belag:

2 Tomaten
120 g Mozzarella (light)
1 Zwiebel
1 Knoblauchzehe
2 EL Olivenöl
400 g stückige Tomaten (aus der Dose)
½ TL Salz
½ TL Pfeffer
1 TL getrockneter Oregano
100 g geriebener Käse
2 EL Basilikumblätter

1. Den Backofen auf 220 °C Umluft vorheizen.
2. Für den Boden den Blumenkohl putzen, waschen und die Röschen vom Strunk abschneiden. Die Röschen in einem Topf mit kochendem Wasser etwa 5 Minuten blanchieren. Anschließend durch ein Sieb abgießen, mit kaltem Wasser abschrecken und abtropfen lassen. Die Röschen grob raspeln und in einer Schüssel mit dem Käse vermischen.
3. Nun ein oder zwei Backbleche mit Backpapier auslegen. Aus der Blumenkohlmasse mehrere kleine, runde Pizzaböden formen und diese auf dem/den Backblech/en verteilen. Böden 8–10 Minuten im Ofen backen.
4. In der Zwischenzeit die Tomaten waschen und in etwas dickere Scheiben schneiden. Mozzarella abtropfen lassen und ebenfalls in Scheiben schneiden.
5. Zwiebel und Knoblauch schälen und fein hacken. Das Olivenöl in einer Pfanne erhitzen und Zwiebel und Knoblauch darin in etwa 3 Minuten glasig dünsten. Die stückigen Tomaten dazugeben und 5 Minuten köcheln, dabei mehrmals umrühren. Mit Salz, Pfeffer und Oregano würzen.
6. Die fertig gebackenen Pizzaböden aus dem Ofen nehmen und jeweils zuerst 1 Scheibe Tomate darauflegen, dann 1 Scheibe Mozzarella, dann etwas Tomatensauce und obenauf den geriebenen Käse verteilen. Die Pizzen dann weitere 10 Minuten im Ofen backen.
7. Die Basilikumblätter waschen, trocken schütteln und in Streifen schneiden. Die Pizzahäppchen mit dem Basilikum garnieren und servieren.

Zucchini-Pesto-Pizza

Für 4 Portionen (2 Pizzen)
Nährwerte (pro Portion): Kilokalorien: 611 Kcal,
Protein: 30,6 g, Fett: 44,7 g, Kohlenhydrate: 17,2 g

ZUTATEN

Für den Boden:

800 g Zucchini
½ TL Salz
2 Eier
20 g Flohsamenschalen
100 g geriebener Käse
Pfeffer nach Belieben

Für das Pesto:

60 g Pinienkerne
200 g Rucola
1 Bund Basilikum
100 g geriebener Parmesan
4 EL Olivenöl
1 TL Salz
½ TL Pfeffer

Für den Belag:

3 Tomaten
10 schwarze Oliven ohne Stein
2 rote Zwiebeln
20 g Pinienkerne

1. Den Backofen auf 180 °C Umluft vorheizen.
2. Die Zucchini putzen, waschen und fein raspeln. Dann in ein Sieb geben, Salz darüberstreuen, etwas einkneten und Zucchini 15 Minuten stehen lassen. Anschließend mehrmals mit den Händen ausdrücken, sodass so viel Wasser wie möglich herausgepresst wird.
3. Die Zucchiniraspel in eine Schüssel geben und Eier, Flohsamenschalen und Käse hinzufügen. Das Ganze gut vermischen. Nach Belieben mit etwas mehr Salz und Pfeffer würzen.
4. Zwei Backbleche mit Backpapier auslegen und auf jedem Blech aus der Zucchinimasse einen runden Pizzaboden formen. Die Pizzaböden 20–25 Minuten im Ofen backen.
5. Für das Pesto eine Pfanne ohne Fett erhitzen und die Pinienkerne darin 2–3 Minuten rösten. Rucola und Basilikum waschen, trocken schütteln, grob hacken und zusammen mit den Pinienkernen in eine Schüssel geben. Parmesan, Olivenöl, Salz und Pfeffer dazugeben und alles mit einem Stabmixer zu einer cremigen Masse pürieren.
6. Die Tomaten waschen und wie die Oliven in Ringe schneiden. Die Zwiebeln schälen und ebenfalls in Ringe schneiden.
7. Zunächst das Pesto auf den Pizzaböden verteilen, dann die Tomaten, Zwiebeln, Pinienkerne und Oliven daraufgeben. Die Pizzen 15 Minuten im Ofen fertig backen.

Chiasamenpizza

Für 4 Portionen (2 Pizzen)
Nährwerte (pro Portion): Kilokalorien: 560 Kcal,
Protein: 34,9 g, Fett: 37,6 g, Kohlenhydrate: 16,5 g

ZUTATEN

Für den Pizzaboden:

90 g Chiasamen
360 ml Wasser
30 g Kürbiskerne
100 g Mandelmehl
½ TL Salz
½ TL Pfeffer

Für den Belag:

100 g Tomatenmark
2 EL getrockneter Oregano
2 EL Olivenöl
1 Prise Salz
1 Prise Pfeffer
200 g Champignons
2 Zwiebeln
4 Tomaten
2 EL getrocknetes Basilikum
200 g Fetakäse
60 g geriebener Parmesan

1. Zuerst für den Pizzaboden die Chiasamen in einer Schüssel mit dem Wasser vermischen. Dann die Kürbiskerne klein hacken und mit dem Mandelmehl zu den Chiasamen geben. Mit Salz und Pfeffer würzen. Alles gut vermischen, bis ein homogener Teig entsteht. Dann den Teig 30 Minuten zugedeckt quellen lassen.
2. Den Backofen auf 180 °C Umluft vorheizen und ein Backblech mit Backpapier auslegen.
3. Aus dem Teig zwei Pizzaböden formen und diese nebeneinander auf das Backblech legen. Die Böden sollten nicht dicker als 5 mm sein. Dann Pizzaböden 30–35 Minuten im Ofen backen.
4. Währenddessen in einer Schüssel das Tomatenmark mit dem Oregano, dem Olivenöl, Salz und Pfeffer vermischen. Die Sauce über die fertigen Pizzaböden verteilen.
5. Die Champignons putzen, mit einem Küchentuch säubern und zerkleinern. Die Zwiebeln schälen, die Tomaten waschen und beides klein schneiden Das Gemüse mit dem Basilikum auf der Sauce verteilen.
6. Nun den Feta zerkleinern und zusammen mit dem Parmesan über die Pizzen streuen. Pizzen weitere 10 Minuten im Ofen backen.

Hähnchen mit Brokkoli

Für 4 Portionen
Nährwerte (pro Portion): Kilokalorien: 294 Kcal,
Protein: 34,8 g, Fett: 11,7 g, Kohlenhydrate: 10,4 g

ZUTATEN

500 g Hähnchenbrustfilet
2 TL Speisestärke
3 EL Olivenöl
3 EL Sojasauce
½ TL Salz
½ TL Pfeffer
600 g Brokkoli
1 Zwiebel
2 Knoblauchzehen
100 ml Hühnerbrühe

1. Das Fleisch abspülen, mit einem Küchenpapier trocken tupfen und in mundgerechte Stücke schneiden. Dann in eine Schüssel geben und mit der Speisestärke, der Sojasauce und 2 EL Öl vermengen. Mit Salz und Pfeffer würzen.
2. Das Fleisch zusammen mit der Marinade in eine Pfanne geben und goldbraun braten. Anschließend aus der Pfanne nehmen, zur Seite stellen und warm halten.
3. Den Brokkoli putzen, waschen und die Röschen abtrennen. Die Zwiebel und den Knoblauch schälen und hacken.
4. Brokkoli, Zwiebel und Knoblauch zusammen mit dem restlichen Öl in die Pfanne geben und 5–6 Minuten anbraten. Mit der Hühnerbrühe ablöschen und alles weitere 2–3 Minuten köcheln lassen.
5. Das Fleisch zum Gemüse geben und 2–3 Minuten auf mittlerer Hitze garen. Auf 4 Teller verteilen und servieren.

Zucchinipommes

Für 4 Portionen
Nährwerte (pro Portion): Kilokalorien: 196 Kcal, Protein: 16 g, Fett: 10,5 g, Kohlenhydrate: 6 g

ZUTATEN

- 2 Eier
- 100 g geriebener Parmesan
- 1 kg Zucchini
- 1 TL Salz
- 1 TL Pfeffer

1. Den Ofen auf 200 °C (Ober-/Unterhitze) vorheizen.
2. Die Eier in eine Schüssel aufschlagen und verquirlen. Den geriebenen Parmesan in eine weitere Schüssel füllen.
3. Die Zucchini putzen, waschen und in fingerdicke Stücke schneiden. Jedes Stück zuerst im Ei und dann im geriebenen Parmesan wälzen und auf ein mit Backpapier belegtes Backblech legen. Sobald alle Zucchini paniert auf dem Blech sind, mit Salz und Pfeffer würzen und in den Ofen schieben. 15 Minuten backen, dann die Temperatur auf 170 °C herunterschalten. Die Pommes mit einem Wender umdrehen und in weiteren 8–12 Minuten goldbraun backen.

Pizza aus Frischkäseteig

Für 4 Portionen (2 Pizzen)
Nährwerte (pro Portion): Kilokalorien: 681 Kcal,
Protein: 47,3 g, Fett: 46,5 g, Kohlenhydrate: 10,9 g

ZUTATEN

6 Eier
200 g Frischkäse (fettarm)
50 g gemahlene Mandeln
1 TL Backpulver
1 TL Salz
200 g Mozzarella (light)
1 Zwiebel
2 Knoblauchzehen
200 g Tomaten
2 EL Olivenöl
400 g stückige Tomaten (aus der Dose)
150 g geriebener Käse
1 TL getrockneter Oregano
Gewürze nach Belieben

1. Den Backofen auf 180 °C (Ober-/Unterhitze) vorheizen.
2. Die Eier in einer Schüssel mit dem Handrührgerät verquirlen, dann Frischkäse, gemahlene Mandeln, Backpulver und Salz unterrühren und zu einem Teig vermischen.
3. Ein Backblech mit Backpapier auslegen.
4. Aus dem Teig darauf zwei runde Pizzaböden formen und diese 30 Minuten im Ofen backen.
5. In der Zwischenzeit Mozzarella abtropfen lassen, Zwiebeln und Knoblauch schälen, Tomaten waschen und alles klein schneiden.
6. Das Olivenöl in einer Pfanne erhitzen und Zwiebeln und Knoblauch darin kurz andünsten. Dann die stückigen Tomaten dazugeben und weitere 3 Minuten dünsten.
7. Zuerst die Tomatensauce auf die fertigen Böden streichen, anschließend die klein geschnittenen Tomaten daraufgeben. Dann den Mozzarella darauf verteilen und diesen mit dem geriebenen Käse bestreuen. Die belegten Pizzen weitere 10 Minuten im Ofen backen.
8. Vor dem Servieren die Pizzen mit Oregano bestreuen. Nach Belieben können noch weitere Gewürze verwendet werden.

Falafel

Für 12 Falafel
Nährwerte (pro Falafel): Kilokalorien: 157 Kcal,
Protein: 7,6 g, Fett: 8,1 g, Kohlenhydrate: 10,1 g

ZUTATEN

- 500 g getrocknete Kichererbsen
- 1 Zwiebel
- 2 Knoblauchzehen
- 1 Zitrone
- 60 g gemahlene Mandeln
- 1 EL gehackte Petersilie
- 2 Eier
- 2 EL gemahlener Kreuzkümmel
- ½ TL Salz
- ½ TL Pfeffer
- 60 g geriebener Parmesan
- 2 EL Olivenöl

1. Die Kichererbsen über Nacht in einer Schüssel mit Wasser einweichen. Am nächsten Tag in ein Sieb abgießen und abtropfen lassen.
2. Zwiebel und Knoblauch schälen und mit den Kichererbsen in einer Schüssel mit einem Stabmixer pürieren.
3. Die Zitrone auspressen und den Saft, gemahlene Mandeln, Petersilie, Eier, Kreuzkümmel, Salz und Pfeffer in eine Schüssel geben und gut miteinander vermischen. Nun das Ganze mit den Kichererbsen vermengen.
4. Aus der Masse kleine Falafel formen. Den Parmesan in eine Schüssel geben und die Falafel darin wälzen.
5. Das Öl in einer Pfanne erhitzen und die Falafel rundum goldbraun braten.

Knusprige Kokosgarnelen

Für 4 Portionen
Nährwerte (pro Portion): Kilokalorien: 315 Kcal, Protein: 21,2 g, Fett: 20,3 g, Kohlenhydrate: 9,5 g

ZUTATEN

Für die Garnelen:

2 Eier
1 Prise Salz
1 Prise Pfeffer
100 g Kokosraspel
3 EL Kokosmehl
250 g Garnelen

Für den Dip:

2 Knoblauchzehen
200 g Joghurt (fettarm)
½ TL Kümmel
½ Zitrone

1. Den Backofen auf 180 °C (Ober-/Unterhitze) vorheizen.
2. Die Eier in einen Teller aufschlagen und mit einer Gabel verquirlen. Salz und Pfeffer dazugeben und nochmals gut durchrühren.
3. Die Kokosraspel und das Kokosmehl in einen Teller geben und vermischen.
4. Falls die Garnelen noch nicht geschält sind, schälen, waschen und mit einem Küchenpapier trocken tupfen. Jede Garnele einzeln zuerst im Ei und anschließend in der Kokosmischung wenden. Die Garnelen auf ein mit Backpapier ausgelegtes Backblech legen und 20 Minuten im Ofen backen.
5. Für den Dip den Knoblauch schälen und fein reiben. In eine Schüssel geben und mit dem Joghurt, dem Kümmel und dem Saft der Zitrone verrühren. Dip zu den Garnelen servieren.

Knoblauchgarnelen

Für 4 Portionen
Nährwerte (pro Portion): Kilokalorien: 377 Kcal, Protein: 51 g, Fett: 16 g, Kohlenhydrate: 3,9 g

ZUTATEN

- 1 kg Garnelen (ungeschält)
- 4 EL Butter
- 1 EL Olivenöl
- 3 Knoblauchzehen
- ½ TL Salz
- 1 Prise Pfeffer

1. Falls die Garnelen gefroren sind, auftauen lassen und mit Küchenpapier abtupfen. Die Schale nicht entfernen.
2. Die Butter und das Olivenöl in einer Pfanne erhitzen. Die Knoblauchzehen schälen, klein hacken und in der Pfanne kurz anbraten.
3. Garnelen dazugeben, 2 Minuten braten und mit Salz und Pfeffer würzen.

Pizza Hawaii

Für 4 Portionen (2 Pizzen)
Nährwerte (pro Portion): Kilokalorien: 651 Kcal,
Protein: 57,2 g, Fett: 37,5 g, Kohlenhydrate: 17,3 g

ZUTATEN

Für den Boden:

800 g Blumenkohl
200 g geriebener Käse
2 Eier
2 Knoblauchzehen
½ TL Salz
½ TL Pfeffer

Für den Belag:

1 EL Olivenöl
300 g Hähnchenbrustfilet
2 EL Tomatenmark
200 g stückige Tomaten (aus der Dose)
100 g gelbe Tomaten
100 g rote Tomaten
2 Zwiebeln
340 g Ananas (ohne Zucker, aus der Dose)
200 g Mozzarella
100 g geriebener Käse
einige Blätter Rucola

1. Den Backofen auf 180 °C Ober- /Unterhitze vorheizen.
2. Für den Boden den Blumenkohl putzen, waschen und die Röschen abtrennen. In einen Mixer geben und fein zerkleinern. Den Blumenkohl in ein Küchentuch wickeln und die überschüssige Flüssigkeit ausdrücken.
3. Blumenkohl, Käse und Eier in eine Schüssel geben und vermischen. Knoblauch schälen, hacken, mit Salz und Pfeffer dazugeben und unterrühren.
4. Zwei Backbleche mit Backpapier auslegen und darauf aus der Masse zwei runde Pizzaböden formen. Pizzaböden 10 Minuten im Ofen backen.
5. In der Zwischenzeit das Öl in einer Pfanne erhitzen, Hähnchenbrust in kleine Stücke schneiden und in der Pfanne rundum goldbraun braten.
6. Die Pizzaböden aus dem Backofen nehmen und mit Tomatenmark bestreichen. Darauf die stückigen Tomaten verteilen.
7. Tomaten waschen, Zwiebeln schälen, alles klein schneiden und auf die Böden legen. Die Hähnchenbrust daraufgeben.
8. Die Ananas in ein Sieb abgießen und auf die Pizzen legen. Den Mozzarella abtropfen lassen, zerkleinern und mit dem Käse auf den Pizzen verteilen. Die Pizzen weitere 12–15 Minuten im Ofen backen.
9. Währenddessen den Rucola waschen, trocken schütteln und vor dem Servieren die Pizzen damit garnieren.

Blumenkohl-Chicken-Pizza

Für 4 Portionen (2 Pizzen)
Nährwerte (pro Portion): Kilokalorien: 649 Kcal,
Protein: 54,6 g, Fett: 39,7 g, Kohlenhydrate: 17,6 g

ZUTATEN

Für den Boden:

800 g Blumenkohl
Salz
200 g geriebener Käse
3 Eier
½ TL Pfeffer

Für den Belag:

2 Zwiebeln
1 Knoblauchzehe
2 EL Olivenöl
100 g Crème fraîche
400 g stückige Tomaten (aus der Dose)
2 EL Tomatenmark
400 g Hähnchenbrustfilet
100 g geriebener Käse
einige Blätter Rucola

1. Den Backofen auf 180 °C Umluft vorheizen.
2. Für den Boden den Blumenkohl putzen, waschen, die Röschen vom Stiel abtrennen und ca. 4 Minuten in einem Topf mit leicht gesalzenem Wasser blanchieren. Den Blumenkohl durch ein Sieb abgießen, fein raspeln und in eine Schüssel geben. Den geriebenen Käse und die Eier untermischen, mit ½ TL Salz und Pfeffer würzen und erneut gut vermischen.
3. Zwei Backbleche mit Backpapier auslegen und darauf zwei runde Pizzaböden aus der Blumenkohlmasse formen. Böden 10–15 Minuten im Ofen backen.
4. In der Zwischenzeit die Tomatensauce und das Hühnchen zubereiten. Hierfür die Zwiebel und den Knoblauch schälen und klein schneiden.1 EL Öl in der Pfanne erhitzen und Zwiebeln und Knoblauch darin kurz andünsten. Crème fraîche, stückige Tomaten und Tomatenmark einrühren, aufkochen und 3–5 Minuten unter Rühren köcheln lassen.
5. Die Hähnchenbrust in mundgerechte Stücke schneiden und in einer separaten Pfanne mit dem restlichen Olivenöl rundum anbraten.
6. Die Pizzaböden aus dem Backofen nehmen und mit der Tomatensauce bestreichen. Die Hähnchenbrust darauf verteilen und mit dem geriebenem Käse bestreuen. Pizzen weitere 10 Minuten im Ofen backen.
7. Währenddessen den Rucola waschen, trocken schütteln und vor dem Servieren die Pizzen damit garnieren.

Thunfischsalat

Für 4 Portionen
Nährwerte (pro Portion): Kilokalorien: 464 Kcal,
Protein: 27,6 g, Fett: 31,6 g, Kohlenhydrate: 14,1 g

ZUTATEN

- 1 Kopf Romanasalat
- ½ Kopf Eisbergsalat
- 100 g gemischte Salatblätter
- 4 Tomaten
- 2 Zwiebeln
- 1 Bund Schnittlauch
- 300 g Thunfisch im eigenen Saft (aus der Dose)
- 4 hart gekochte Eier
- 50 g schwarze Oliven ohne Stein
- 100 g Mais (aus der Dose)
- ½ TL Salz
- ½ TL Pfeffer
- 4 EL Olivenöl

1. Die Salate waschen, trocken schütteln, klein zupfen und auf 4 Schüsseln verteilen.
2. Die Tomaten waschen, Zwiebeln schälen, Schnittlauch waschen, trocken schütteln und alles klein schneiden. Den Thunfisch abtropfen lassen und mit den vorbereiteten Zutaten auf die Schüsseln verteilen.
3. Nun die Eier schälen, vierteln und mit den Oliven auf die Salate legen. Anschließend den Mais abtropfen lassen, in die Schüsseln geben und alles mit Salz und Pfeffer würzen. Jede Schüssel mit 1 EL Olivenöl beträufeln und servieren.

Tomaten-Rucola-Salat

Für 4 Portionen
Nährwerte (pro Portion): Kilokalorien: 209 Kcal, Protein: 7,1 g, Fett: 15,7 g, Kohlenhydrate: 7,5 g

ZUTATEN

Für den Salat:

300 g Rucola
300 g gemischte Salatblätter
60 g Pinienkerne
300 g Cherrytomaten
2 Schalotten

Für das Dressing:

3 EL Balsamicoessig
2 EL Olivenöl
½ TL Salz
½ TL Pfeffer

1. Rucola und Salat waschen, abtropfen lassen und klein schneiden. Die Pinienkerne in einer Pfanne ohne Fett kurz anrösten, bis sie sich goldbraun färben.
2. Die Tomaten waschen, die Schalotten schälen und beides klein schneiden. Tomaten, Schalotten, Rucola und Salat in 4 Schüsseln verteilen.
3. Für das Dressing Olivenöl, Balsamico, Salz und Pfeffer in einer kleinen Schüssel vermischen.
4. Die Pinienkerne über den Salat streuen, das Dressing darüberträufeln und gegebenenfalls noch mit Salz und Pfeffer nachwürzen.

Überbackene Champignons

Für 4 Portionen
Nährwerte (pro Portion): Kilokalorien: 201 Kcal, Protein: 17,5 g, Fett: 11,7 g, Kohlenhydrate: 4,9 g

ZUTATEN

- 12 große Champignons
- 1 Zwiebel
- 1 Knoblauchzehe
- ¼ Bund Schnittlauch
- 100 g Putenschinken
- 1 EL Olivenöl
- 1 EL Crème fraîche
- ¼ TL Salz
- ⅓ TL Pfeffer
- 100 g geriebener Käse

1. Den Backofen auf 200 °C Ober-/Unterhitze vorheizen.
2. Die Champignons putzen und mit einem Küchenpapier säubern. Die Stiele vorsichtig herausziehen und hacken.
3. Zwiebel und Knoblauch schälen und hacken. Schnittlauch waschen, trocken schütteln und in feine Röllchen schneiden. Putenschinken klein schneiden.
4. Das Öl in einer Pfanne erhitzen und Schinken, Zwiebel, Knoblauch und die gehackten Stiele in die Pfanne geben und 2–3 Minuten dünsten. Crème fraîche, Schnittlauch, Salz und Pfeffer unterrühren.
5. Die Champignons mit der Öffnung nach oben nebeneinander in eine Auflaufform oder auf ein Backblech legen. Die Füllung in die Champignons löffeln und mit geriebenem Käse bestreuen. Champignons 15–20 Minuten im Ofen backen.

Grüner Traubengazpacho

Für 4 Portionen
Nährwerte (pro Portion): Kilokalorien: 394 Kcal, Protein: 6,2 g, Fett: 29,3 g, Kohlenhydrate: 23,4 g

ZUTATEN

- 1 Avocado
- 150 g kernlose grüne Trauben
- 3 Frühlingszwiebeln
- 2 Gurken
- 1 Knoblauchzehe
- 1 Bund frische Petersilie
- 50 ml Olivenöl
- 3 EL Weißweinessig
- 60 ml Wasser
- ½ TL Salz
- ½ TL Pfeffer
- 60 g Mandelblättchen

1. Die Avocado halbieren, den Kern entfernen und das Fruchtfleisch aus der Schale lösen.
2. Trauben waschen. Frühlingszwiebeln und Gurken putzen und waschen. Knoblauch schälen, Petersilie waschen und trocken schütteln. Die vorbereiteten Zutaten grob zerkleinern, mit der Avocado in eine Küchenmaschine geben und mixen (oder in eine Schüssel füllen und mit einem Stabmixer vorsichtig pürieren).
3. Olivenöl und Weißweinessig dazugeben und nochmals mixen. Wasser zugießen und wieder mixen. Je nach Wunsch und Konsistenz noch etwas mehr Wasser zufügen. Mit Salz und Pfeffer abschmecken.
4. Gazpacho gekühlt und mit den Mandeln garniert servieren. Die Suppe kann bis zu 24 Stunden vor dem Verzehr zubereitet und zugedeckt im Kühlschrank aufbewahrt werden.

Gefüllte Zucchinirollen

Für 4 Portionen
Nährwerte (pro Portion): Kilokalorien: 345 Kcal, Protein: 32,8 g, Fett: 17,1 g, Kohlenhydrate: 9 g

ZUTATEN

3 Zucchini
1 EL Olivenöl
300 g Putenbrustfilet
2 rote Paprika
250 g Mozzarella
80 g Rucola
½ TL Salz
½ TL Pfeffer
4 EL Balsamicoessig

1. Die Zucchini putzen, waschen und in dünne längliche Streifen schneiden. Das Olivenöl in einer Pfanne erhitzen und die Zucchinistreifen darin 1–2 Minuten von beiden Seiten anbraten. Dann aus der Pfanne nehmen.
2. Die Putenbrust in etwa 1 cm dicke Streifen schneiden. Anschließend in dem Öl die Zucchinistreifen von allen Seiten goldbraun braten.
3. Paprika putzen, waschen und in dünne Streifen schneiden. Mozzarella abtropfen lassen und ebenfalls in dünne Streifen schneiden. Den Rucola waschen und trocken schütteln.
4. Die Zucchinistreifen auf ein Brett legen und gleichmäßig mit den vorbereiteten Zutaten belegen. Mit Salz und Pfeffer würzen und aufrollen. Die Rollen für einen besseren Halt mit einem Zahnstocher fixieren. Rollen mit Balsamico beträufeln und genießen.

Bildnachweis

S. 5: Brent Hofacker/Shutterstock.com, Alexander Prokopenko/Shutterstock.com, Life morning/Shutterstock.com, S. 6: Ekaterina Markelova/Shutterstock.com, Natalie magic/Shutterstock.com, Sea Wave/Shutterstock.com, S. 7: Jacek Chabraszewski/Shutterstock.com, S. 9: Brent Hofacker/Shutterstock.com, S. 10: NoirChocolate/Shutterstock.com, S. 13: Vladyslav Rasulov/Shutterstock.com, S. 14: Brent Hofacker/Shutterstock.com, S. 16: Peredniankina/Shutterstock.com, S. 17: karelnoppe/Shutterstock.com, S. 18: HandmadePictures/Shutterstock.com, S. 20: Mateusz Gzik/Shutterstock.com, S. 21: Lapina Maria/Shutterstock.com, S. 22: Timolina/Shutterstock.com, S. 25: Larisa Blinova/Shutterstock.com, S. 26: Natalie magic/Shutterstock.com, S. 28: Sklep Spozywczy/Shutterstock.com, S. 29: Dani Vincek/Shutterstock.com, S.30: Marian Weyo/Shutterstock.com, S. 33: Sea Wave/Shutterstock.com, S. 34: Oleksandra Naumenko/Shutterstock.com, S. 37: Nataliya Arzamasova/Shutterstock.com, S. 38: Life morning/Shutterstock.com, S. 40: Ryzhkov Photography/Shutterstock.com, S. 41: DronG/Shutterstock.com, S. 43: Nataliya Arzamasova/Shutterstock.com, S. 44: margouillat photo/Shutterstock.com, S. 47: Sea Wave/Shutterstock.com, S. 48: IngridHS/Shutterstock.com, S. 51: MariaKovaleva/Shutterstock.com, S. 52: Anastasia_Panait/Shutterstock.com, S. 53: Ryzhkov Photography/Shutterstock.com, S. 54: Anastasia_Panait/Shutterstock.com, S. 57: Brent Hofacker/Shutterstock.com, S. 58: AS Food studio/Shutterstock.com, S. 61: Stepanek Photography/Shutterstock.com, S. 62 Alena Kazlouskaya/Shutterstock.com, S. 65: zoryanchik/Shutterstock.com, S. 66: Nataliya Arzamasova/Shutterstock.com, S. 69: Nataliya Arzamasova/Shutterstock.com, S. 70: Alexander Prokopenko/Shutterstock.com, S. 73: Ildi Papp/Shutterstock.com, S. 74: Foodio/Shutterstock.com, S. 77: zefirchik06/Shutterstock.com, S. 78: AS Food studio/Shutterstock.com, S. 81: hlphoto/Shutterstock.com, S. 82: Vlasovalana/Shutterstock.com, S. 85: zoryanchik/Shutterstock.com, S. 86: gkrphoto/Shutterstock.com, S. 89: SergeBertasiusPhotography/Shutterstock.com, S. 90: Cesarz/Shutterstock.com, S. 93: Ekaterina Markelova/Shutterstock.com, S. 94: silroby80/Shutterstock.com